OBSERVATIONS

RELATIVES AU PROJET DE LOI DU 28 AOUT DERNIER

SUR LES

MONTS-DE-PIÉTÉ,

Adressées à l'Assemblée Nationale

PAR LA COMMISSION ADMINISTRATIVE DU MONT-DE-PIÉTÉ DE ROUEN,

Lues et approuvées dans la Séance convoquée extraordinairement le 9 Octobre 1848.

Rouen

IMPRIMERIE DE A. PÉRON

Rue de la Vicomté, 55

—

1848

OBSERVATIONS

RELATIVES AU PROJET DE LOI DU 28 AOUT DERNIER

SUR LES

MONTS-DE-PIÉTÉ,

Adressées à l'Assemblée Nationale

PAR LA COMMISSION ADMINISTRATIVE DU MONT-DE-PIÉTÉ

DE ROUEN,

Lues et approuvées dans la Séance convoquée extraordinairement le 9 Octobre 1848.

Citoyens Représentants ,

Régulariser uniformément l'institution des Monts-de-Piété en France, pour arriver le plus promptement possible à l'abaissement du taux de l'intérêt de leurs prêts, tel est le but du projet de loi qui vous est soumis.

Pour arriver à ce résultat, trois moyens sont proposés par M. le Ministre :

1° *Centralisation des Monts-de-Piété,*

2° *Séparation des Monts-de-Piété des hôpitaux,*

3° *Enfin, remplacement des Commissionnaires par des Bureaux auxiliaires.*

Avant d'examiner ces moyens, qu'il nous soit permis de manifester nos craintes sur l'inopportunité de la présentation d'un sem-

1

blable projet de loi. Quand la confiance publique n'existe plus, quand tant et de si graves intérêts sont compromis, quand l'état social est lui-même mis en question, ne peut-on pas se demander avec inquiétude si c'est bien le moment de penser à réorganiser les Monts-de-Piété, et de porter peut-être ainsi atteinte au crédit dont à juste titre ces institutions charitables ont joui jusqu'à ce jour.

En supposant même qu'il fût utile, qu'il fût nécessaire de les reconstituer sur de nouvelles bases, n'aurait-on pas pu choisir des circonstances plus heureuses pour réaliser des améliorations projetées? Il est des cas où la médecine expectante est le meilleur et le plus sage parti à suivre; par similitude, ne pourrait-on pas invoquer la même règle de conduite par rapport aux Monts-de-Piété?

Du reste, l'examen successif des trois moyens proposés par M. le Ministre nous fera voir s'ils atteignent réellement le but vers lequel on tend.

1° De la Centralisation des Monts-de-Piété.

« Si les Conseils d'administration ou Commissions administratives,
« dit M. le Ministre dans son exposé des motifs, répondent aux vœux
« et aux besoins d'une institution purement charitable et toute
« gratuite comme celle des hospices, il n'en saurait être de même à
« l'égard des Monts-de-Piété, sorte d'établissements qui, participant
« à la fois de la bienfaisance et de l'utilité publique, exigent les soins
« assidus, le concours actif d'agents spéciaux, éclairés, responsables
« et nécessairement salariés. Aussi l'expérience a-t-elle prouvé qu'en
« ce qui concerne ces établissements, l'intervention des Commissions
« administratives, outre l'inconvénient de détourner du Directeur
« la responsabilité qui doit peser sur lui seul, nuit presque toujours
« à la liberté, à l'unité d'action, qu'exige la direction d'un important
« service, et tend conséquemment bien moins à fortifier les garanties
« d'une bonne administration qu'à les affaiblir.

« Ces considérations nous ont porté à penser qu'il serait préférable
« de faire décider par la loi, que les Monts-de-Piété seront à l'avenir
« administrés, sous le contrôle d'une Commission de surveillance,
« par un Directeur responsable, placé lui-même sous l'autorité du

« Ministre de l'intérieur, et l'autorité plus immédiate du Préfet du
« département. »

Comme conséquences de ces principes, M. le Ministre propose les
articles suivants dans le projet de loi.

« **ARTICLE 1.** — A l'avenir, les Monts-de-Piété seront administrés
« sous l'autorité du Ministre de l'Intérieur, et, par délégation, sous
« l'autorité du Préfet du département, par des Directeurs respon-
« sables, assistés de Commissions de surveillance.

« **ART. 2.** — Les Commissions de surveillance des Monts-de-Piété
« seront présidées par le Maire de la commune, et, à Paris. par le
« Préfet de la Seine.

« Des règlements d'administration publique détermineront la
« composition de ces Commissions, le nombre de leurs membres et
« leurs attributions. »

Comme l'explique M. le Ministre, la loi présentée n'a pas seulement
pour but d'organiser uniformément tous les Monts-de-Piété de France,
en y apportant les améliorations que le temps et l'expérience ont fait
juger nécessaires, elle ne tend à rien moins qu'à établir une nouvelle
base pour la direction et l'administration de ces établissements. A l'i-
nitiative des Commissions administratives, contrôlée, sanctionnée par
le Ministre, succèderait celle de M. le Ministre lui-même, qui, seul à l'a-
venir, par l'intermédiaire des Préfets et des Directeurs, ses agents directs,
administrerait, dirigerait tous les Monts-de-Piété de France, jugerait
de l'opportunité de telle ou telle mesure intérieure des établissements,
et fixerait tel ou tel taux de l'intérêt des prêts sur gages. (*Voir* art 5.)

On conçoit, en pareille circonstance, qu'une Commission administrative fût une véritable superfétation ; on conçoit aussi qu'il fût
impossible que, dans cette concentration de tous les pouvoirs, il y eût
conflit d'autorités.

Mais est-on sûr, par là, d'offrir de plus fortes garanties à tous les
intérêts, et d'arriver à l'abaissement le plus prompt du taux de l'intérêt des Monts-de-Piété ?

Jusqu'à ce jour, les fonctions de Directeur, de Garde-magasin, de
Caissier, d'Appréciateur, toutes fonctions salariées et responsables,
n'ont été données qu'à des hommes qui ont eu la confiance des Commissions administratives, puisque l'autorité supérieure ne choisissait
de titulaires que dans les listes de candidats qu'elles présentent

elles-mêmes. Il existe ainsi solidarité entre la responsabilité morale de la Commission administrative et la responsabilité pécûniaire de l'agent au choix duquel elle a concouru ; cette solidarité est un gage de régularité de service, puisqu'elle est un gage de surveillance active de la part des Commissions administratives, et, en même temps, elle est un gage de confiance publique ; d'ailleurs les droits lésés trouvent dans ces institutions des défenseurs, èt, en cas de conflit, l'autorité supérieure tranche la difficulté.

Mais avec la concentration entre les mains de M. le Ministre, de l'Administration, de la Direction, de tout enfin dans les Monts-de-Piété, quel lien existera-t-il entre les Commissions de surveillance et les agents dont elles n'auront nullement la responsabilité ? déjà les modestes fonctions d'Administrateurs des Monts-de-Piété sont hérissées de peines et de difficultés, soit pour rappeler à la simple exécution des règlements, soit pour défendre les intérêts des établissements confiés à leurs soins, soit enfin pour arriver aux moindres améliorations. Si les Commissions de surveillance sont encore plus désarmées, que pourront-elles faire ? Et d'ailleurs, quels hommes dévoués aux pauvres et d'une capacité reconnue voudront accepter des fonctions où leur rôle serait purement passif et où leurs intentions bienfaisantes seraient frappées d'impuissance ?

Ces conditions ne sont donc pas de nature, nous le croyons, à inspirer de la confiance au public, à offrir de plus fortes garanties à tous les intérêts.

Mais allons plus loin, M. le Ministre de l'Intérieur s'est cru en droit de dire qu'on peut imputer aux Monts-de-Piété actuels, avec une apparence de raison, le tort d'exercer, au profit de certains agents qui s'en sont fait un moyen de fortune, le monopole des prêts sur gages. Cette accusation est grave, si elle n'est pas erronée ; aussi nous proposons-nous d'y répondre plus tard ; mais n'est-il pas à craindre qu'on ne puisse adresser une accusation plus grave encore à cette concentration dans une seule main, du monopole des Monts-de-Piété ?

Jusqu'à présent, les hommes qui s'occupaient des fonctions de charité et de bienfaisance étaient éloignés des luttes irritantes de parti ; c'est là leur honneur, c'est là leur force. Ils ne connaissent que deux ennemis à combattre : la misère et la souffrance. Or, n'est-il pas à craindre qu'on ne puisse un jour reprocher à cette centralisation de faire, du monopole de la charité, un moyen d'influence fâcheuse? Bien plus, comme M. le Ministre déterminera pour tel ou tel établissement le taux de l'intérêt des prêts sur gages, suivant la richesse de son fonds de dotation, comme d'ici longtemps encore l'intérêt sera élevé, et sera usuraire aux yeux du malheureux qui est obligé d'y recourir, l'accusation d'exercer un monopole au profit d'agents qui s'en font un moyen de fortune ne pourra-t-elle pas retomber, à tort, nous voulons bien le croire, sur le pouvoir lui-même ?

Aujourd'hui, quels que soient les abus qui peuvent exister, et il y en aura toujours, parce que malheureusement toutes les institutions humaines en sont atteintes, les Monts-de-Piété seront toujours reconnus pour des institutions de bienfaisance ; avec la centralisation, au contraire, ils pourraient être accusés, avec une apparence de vérité, d'être une entreprise industrielle de l'État spéculateur, et spéculateur sur la détresse du pauvre ! Nous venons de voir les effets de la centralisation par rapport aux garanties de tous les intérêts, examinons-les par rapport à l'abaissement du taux de l'intérêt.

Les Monts-de-Piété sont, comme le dit M. le Ministre, les *Banques du pauvre*. Ils ont pour but d'empêcher le malheureux d'être exploité par d'avides spéculateurs auxquels il serait livré, sans ces institutions, et par son inexpérience et par la rigueur de sa position ; ils sont donc, de leur nature, des *institutions purement charitables*, comme les hôpitaux, et, s'ils étaient seulement soupçonnés d'avoir perdu ce caractère, au lieu de Banques du pauvre, ils passeraient, avec la centralisation, pour Banques de l'État, et de suite, comme conséquence, il ne faudrait plus compter sur la ressource des libéralités particulières pour le fonds de dotation. Il ne resterait donc plus que les capitaux prêtés par des tiers pour alimenter les opérations du Mont-de-Piété, et les bénéfices pour créer le fonds de dotation. Dans un temps calme et normal, il est douteux que l'on trouvât des prêteurs de fonds à un taux modéré, mais dans les moments de crise, où le numéraire devient plus rare, quelle serait la position des Monts-de-Piété, sollicités, d'un côté, par les besoins pressants des emprunteurs, dont le nombre augmente en pareille circonstance, et, de l'autre, obligés de restituer les capitaux effrayés, qui abandonneraient leurs coffres, et de recourir à de nouveaux emprunts, qui suivraient toutes les fluctuations des fonds publics ?

On ne peut dire que ce tableau soit exagéré, car, en supposant même que l'on ne soupçonnât pas l'esprit philanthropique des Monts-de-Piété centralisés, la confiance que l'on aurait en eux subirait toujours l'influence du crédit public dans les fonds de l'État ; en effet, les variations dans les fonds de l'État proviennent du plus ou moins de crédit dans sa solvabilité. Ce crédit lui-même a ses racines dans le plus ou moins de confiance dans la direction et l'administration de la fortune publique, eu égard aux circonstances données ; or, la direction et l'administration de la fortune des Monts-de-Piété étant la même que celle de la fortune de l'État, la confiance en ces établissements subira toutes les phases du crédit public.

Mais, objectera-t-on, il n'y a pas identité de position entre les fonds de l'État et ceux des Monts-de-Piété ; la rentrée de ces derniers est toujours assurée, puisqu'ils sont employés en prêts sur gages et que les magasins renferment ainsi, en nantissements, la valeur des capitaux employés par l'établissement. D'ailleurs, en supposant que des calamités publiques pesassent sur notre pays, l'initiative des Commissions administratives ne sauvegarderait pas plus que celle de M. le Ministre les intérêts des Monts-de-Piété ; ce n'est donc pas à la centralisation qu'il faudrait attribuer le discrédit qui atteindrait ces établissements de bienfaisance.

L'heureuse et bienfaisante ressource des Monts-de-Piété doit être ouverte en tout temps, parce qu'en tout temps il y aura des hommes atteints par des pertes, des revers, des maladies ; mais elle est surtout utile dans les temps calamiteux, parce que c'est surtout dans les désastres que les pertes et les revers se multiplient. Il ne suffit donc pas d'assurer le service des Monts-de-Piété pour un temps calme et normal, il faut surtout l'assurer pour les jours de tempête. Indépendamment des fonds nécessaires pour les opérations journalières, il faut donc une réserve qui en soit la garantie ; pour le plus grand établissement de crédit de notre pays, pour la Banque de France, nous voyons une réserve métallique et foncière, et pour la banque du pauvre on négligerait cette ancre de salut, dans des mauvais jours, où quelquefois une dépréciation énorme peut peser sur les objets donnés en nantissement, où l'incendie, le vol, le pillage ou tout autre malheur imprévu, peut faire disparaître le gage des fonds empruntés par l'établissement !

Il faut donc une garantie indépendante de l'établissement ; or, avec la centralisation, la gestion et l'administration du fonds de garantie, ne sera-t-elle pas la même que celle qui sera frappée de discrédit dans un temps de crise ? D'ailleurs, pour se rendre compte de l'effet de la centralisation en pareil cas, sur les Monts-de-Piété, les banques des pauvres, que l'on se représente l'effet que produirait, sur la confiance dont jouit à juste titre la banque de France, la concentration, entre les mains de M. le Ministre des Finances, de l'administration et de la direction de cet établissement.

On peut juger, par ce rapprochement, de l'utilité d'une administration qui défende les intérêts des établissements de bienfaisance, contre d'autres intérêts très respectables sans doute, mais moins sacrés, car leurs pertes sont toujours plus faciles à réparer que celles du patrimoine des pauvres.

Ainsi la centralisation éloignerait les capitaux des Monts-de-Piété.

Ainsi le but que se propose M. le Ministre, la diminution du taux de l'intérêt, serait loin de se réaliser.

On conçoit aussi comment les donations seraient extrêmement rares, pour ne pas dire impossibles à espérer dans de semblables conditions. Si l'homme aime à se survivre à lui-même, c'est surtout dans un acte de bienfaisance, dans un acte de charité ; plus le sacrifice auquel il s'impose est grand, plus il aime à penser que son nom sera béni de générations en générations. Arrivé au terme d'une carrière laborieuse où, par un travail incessant, il a su assurer à sa famille un bien-être, une aisance, dont souvent lui-même n'a pas profité, il voudrait voir la fortune dont jouira sa postérité, sanctionnée par la reconnaissance du pauvre ; or, espèrera-t-il trouver, dans l'administration centralisée de M. le Ministre, l'assurance de la réalisation de ses vœux ?

Une autre pensée éloignera encore les donations : une des conséquences de l'administration et gestion directes de M. le Ministre sera de faire envisager l'État comme obligé de soutenir, par des allocations directes les Monts-de-Piété, et il arrivera ce qui se passe pour les hôpitaux de Rouen. Déjà, dans notre ville, malgré l'indépendance assurée aux hôpitaux, par suite de l'institution d'une commission administrative chargée d'en défendre les intérêts, les donations en faveur des établissements de bienfaisance sont très rares, et la plupart encore sont dues à d'anciens administrateurs qui ont voulu réaliser, du moins après leur mort, des améliorations conçues ou même commencées de leur vivant, et qui étaient restées inexécutées. S'il en est ainsi pour des établissements charitables, indépendants, que se passera-t-il pour les Monts-de-Piété? Ce ne sera plus un simple préjugé qui fera tort aux donations ; elles seront taries dans leur source.

La centralisation éloignera donc les donations!, elle effraiera les capitaux qui seront rares dans les moments difficiles, et qui ne se trouveront qu'à des conditions onéreuses : d'un autre côté, elle est loin d'offrir à tous les intérêts de plus fortes garanties que les institutions actuelles.

Voyons donc ce qui a pu amener M. le Ministre à vouloir briser les Commissions administratives des Monts-de-Piété, et les remplacer par des Commissions de surveillance.

Ce ne peut être le défaut d'indépendance ou de désintéressement ; car, par leur composition, elles présentent à cet égard toutes les garanties à l'autorité, et, nous l'espérons, au public. Trois Membres sont pris dans la Commission administrative des hospices, et deux autres parmi les Administrateurs des bureaux de bienfaisance. Le législateur a pensé que les hommes qui veillent sur les malades, les vieillards et les orphelins, et qui soulagent journellement l'indigence, sauraient conserver aux banques des pauvres leur caractère de bienfaisance, que leur côté financier tend toujours à faire disparaître.

Serait-ce le défaut de capacité? La loi a voulu encore s'entourer de précautions. A cet égard, elle a voulu s'assurer que la charité ne serait pas déshéritée de lumières : deux autres Membres doivent être choisis, l'un parmi les jurisconsultes de la ville, l'autre parmi les notables commerçants versés dans la connaissance des opérations de banque.

Ce ne sont donc pas là les motifs réels de plaintes contre les Administrations actuelles.

La plus grave accusation portée par M. le Ministre contre elles, c'est le conflit d'autorités dont leur intervention serait cause.

Cette intervention, dit M. le Ministre, détourne du Directeur la responsabilité qui doit peser sur lui seul ; elle nuit presque toujours à la liberté, à l'unité d'action qu'exige la direction d'un important service.

Nous le reconnaissons, il existe des conflits entre l'administration, et non pas le Directeur, son représentant, mais des agents, des préposés des Monts-de-Piété, et le service des pauvres en souffre. Mais ces conflits proviennent-ils de la trop grande puissance des Commissions administratives, ou plutôt de ce qu'elles sont trop désarmées vis-à-vis de ces préposés ? Voilà ce qu'il faudrait examiner.

Est-ce l'intervention des Commissions administratives qui nuit réellement à la liberté, à l'unité d'action du Directeur ? N'est-ce pas plutôt l'intervention des préposés qui prétendraient s'affranchir de cette autorité ?

L'Administration ne veut pas ici dresser d'acte d'accusation ; elle ne demande que l'examen des faits ; ils seront la meilleure réponse à ce qu'avance M. le Ministre. Que l'on parcoure les registres des délibérations où se trouve consignée la longue histoire des luttes de la Commission administrative contre ses agents; on verra d'un côté l'intérêt public, l'intérêt du pauvre, de l'autre l'intérêt privé ; et souvent l'Administration a été impuissante à défendre le premier contre le second. Et ce résumé historique qu'invoque en sa faveur l'Administration des Monts-de-Piété de Rouen, peut l'être à coup sûr par d'autres administrations du même genre, puisque, par leur composition et leur organisation, elles ne peuvent se préoccuper que d'une chose : l'intérêt des pauvres.

Quant au reproche fait aux Commissions administratives actuelles des Monts-de-Piété, d'exercer un monopole au profit de quelques agents qui s'en sont fait un moyen de fortune, il nous paraît mal fondé ; car les fonctionnaires des établissements de charité sont généralement peu rétribués, et ils n'ont même pas la ressource d'une retraite sur leurs vieux jours ; mais serait-il mérité, il devrait remonter aussi plus haut, puisqu'après tout, l'autorité supérieure aurait toujours pu faire cesser un tel abus, s'il eût existé.

Au reste, la plupart des conflits que nous reconnaissons se reproduiront également avec la nouvelle organisation, entre les autres préposés et le Directeur, si ce dernier n'a pas un pouvoir plus étendu que celui actuel. Ils seront bien vite comprimés, dira-t-on, et ils ne se reproduiront même plus, car tous les agents seront sous le même niveau, sous la main de M. le Ministre ; s'il en est ainsi que sera alors la responsabilité du Directeur ?

Les Commissions administratives, s'il leur était permis d'exprimer un vœu, ne demanderaient pas un pouvoir aussi étendu. Que le Directeur conserve la position qu'il occupe actuellement, mais qu'elles soient elles-mêmes plus puissantes, seulement à l'égard des autres agents ; les inconvénients signalés par M le Ministre n'existeront plus. (1)

Mais en supposant que les abus signalés existassent dans toute leur étendue, et qu'ils fussent inhérents à l'intervention des Commissions administratives, dont néanmoins toutes les opérations, tous les actes sont contrôlés et approuvés chaque année par l'autorité supérieure, ils auraient encore moins d'inconvénients, comme il a été exposé, que ceux qui seraient la conséquence forcée d'une centralisation sans contrôle.

Il faut maintenant passer à l'examen de la seconde question ; il faut voir si la séparation des Monts-de-Piété d'avec les hôpitaux, même avec une administration indépendante, aura pour but d'amener plus promptement l'abaissement du taux de l'intérêt des prêts sur gage.

2° De la séparation des Monts-de-Piété des Hôpitaux.

Ce fut une pensée charitable et morale que de frapper au cœur l'usure faite aux dépens du nécessiteux, en ouvrant des établissements qui fissent, par bienfaisance, ce que l'industrie privée faisait

---

(1) La plupart des conflits ont eu pour principale cause la prétention de plusieurs préposés de s'affranchir du contrôle et des mesures répressives de l'Administration et de la Direction ; il est certain que si ces agents étaient dans la position des autres employés, sauf à augmenter le cautionnement du Directeur dont la responsabilité serait accrue d'autant, ces abus n'existeraient pas.

par spéculation. Mais pour donner aux Monts-de-Piété, dès leur origine, leur véritable caractère de bienfaisance, il y avait d'immenses difficultés à surmonter. Il n'y avait pas de fonds affectés à ces institutions, et, de plus, il était nécessaire d'avoir un local souvent considérable pour recevoir les nantissements des emprunteurs (1). Dans cette circonstance, le pouvoir, qui certes alors était centralisateur, ne songea nullement à s'emparer de cette institution, sauf à la soutenir, à l'alimenter avec les fonds de l'État, en cas d'insuffisance des fonds privés; et cependant il eût été appuyé dans cette mesure par l'assentiment du pays, qui eût vu un bienfait dans cette prise de possession d'un établissement charitable, puisqu'elle devait faire cesser un énorme abus. Il ne le fit pas, parce que sans doute frappé du souvenir encore récent des catastrophes qui avaient brisé tant de fortunes et surtout celles qui dépendaient du trésor public, il voulait que les Monts-de-Piété, en ayant leur sort attaché à celui des hôpitaux, survécussent comme eux à toute espèce de commotion, et, sans doute aussi, parce que ne voulant pas que l'esprit de bienfaisance qui avait présidé à leur réorganisation fût étouffé par leur caractère industriel, il avait pensé que l'alliance hospitalière en serait le plus sûr garant.

Il y avait d'ailleurs dans cette alliance un immense avantage. La plupart des hôpitaux ont un fonds de dotation qui, dès l'origine, permit de trouver de suite, soit des capitaux pour les opérations de prêt, soit tout au moins une garantie pour les nantissements confiés et en même temps pour des emprunts auxquels on pouvait être obligé de recourir, soit enfin, les deux avantages réunis. Bien plus, le local affecté au service du Mont-de-Piété appartient, dans beaucoup de villes, aux hôpitaux.

C'était donc une pensée féconde que celle qui, sans recourir à des

---

(1) Les fonds alors jugés nécessaires pour le seul Mont-de-Piété de Rouen ne devaient pas s'élever à moins de 600,000 fr. (art. 4 de l'ordonnance de création du 22 novembre 1826); aujourd'hui les fonds nécessaires pour le service de l'établissement montent à environ un million. Quant au chiffre des nantissements, il s'est élevé, en 1847, à 72,316 articles en moyenne; il est maintenant de 71,000 articles.

fonds privés, souvent difficiles à trouver, permit de créer ainsi, comme par enchantement, dans les grands centres de population, des banques du pauvre qui pussent immédiatement fonctionner et prêter de l'argent à un taux modéré, eu égard à l'usure à laquelle le nécessiteux était exposé antérieurement, et eu égard même à ce qu'il eût été à cette époque, si les Monts-de-Piété eussent été obligés de recourir seulement au crédit public ou privé.

Comme conséquence de cette alliance, on conçoit maintenant que tous les bénéfices et tous les bonis qui peuvent résulter des opérations des Monts-de-Piété, revertissent complètement aux hôpitaux. Ils fournissent tous les capitaux, ils garantissent en outre toutes les opérations, en un mot, ils courent tous les risques de perte; il est donc de stricte équité qu'ils aient tous les avantages qui peuvent en être le dédommagement (1). Et de ce que, jusqu'à ce jour, ils n'ont pas eu de perte à déplorer, rien ne garantit que dans l'avenir ils en soient à l'abri (2). Ainsi tombe le reproche *d'injustice dans l'affectation d'un bénéfice acquis aux dépens de l'emprunteur nécessiteux, au soulagement d'une autre misère.*

Il ne faut pas croire du reste que les bénéfices des Monts-de-Piété soient considérables. Sans doute, dans le commencement, l'inexpérience sur les résultats de cette institution et l'espèce de tâtonnement qui accompagne toutes les entreprises dans leur origine, ne permirent pas aux administrations de baisser de suite le taux de l'intérêt, et alors les bénéfices versés à la caisse des hospices purent être assez élevés; mais, lorsque les produits de plusieurs années eurent constaté que, même en traversant des époques difficiles, l'abaissement du taux de l'intérêt pour les emprunteurs pourrait avoir lieu sans compromettre l'existence de l'établissement, les Commissions administratives, comme le reconnaît M. le Ministre, entrèrent dans cette voie, et le Mont-de-Piété de Rouen n'est pas resté en arrière à cet égard, car le taux de l'intérêt de cet établissement est réduit à 10

---

(1) Heureux s'ils les avaient eus, comme nous le montrerons plus loin.

(2) Cette année les opérations du Mont-de-Piété de Rouen se solderont par une perte pour les Hospices. (*Voir* la note suivante.)

pour %. Sans doute c'est encore un chiffre élevé, et cependant toute autre réduction ferait subir une perte (1).

Ainsi, l'alliance des hôpitaux avec les Monts-de-Piété n'a pas été industrielle, mais bien charitable.

Cet exposé terminé, il est plus facile d'examiner les conséquences de la séparation proposée dans le projet de loi.

Depuis plusieurs années, deux principes sont en présence sur la question des Monts-de-Piété :

L'un qui accuse de l'antagonisme entre les intérêts des Monts-de-Piété et ceux des hôpitaux, et demande leur séparation ; c'est celui qui a présidé à la rédaction du projet de loi.

Et l'autre qui prétend qu'il y a communauté d'intérêts, qu'il doit y avoir alliance et alliance intime entre ces deux institutions, mais qu'il faut y apporter les améliorations et les modifications dont le temps et l'expérience ont fait connaître la nécessité ; c'est à ce dernier que nous nous rallions.

Une des premières conséquences du premier principe, c'est-à-dire de la séparation, serait de voir les hôpitaux réclamer leurs fonds, et les réclamer dans un délai plus ou moins rapproché. Il y aurait injustice à les refuser, car au lieu de 4 p. % d'intérêt qu'ils touchent des Monts-de-Piété, ils trouveraient en ce moment à placer, soit en rentes sur l'État, à près de 8 p. %, soit en biens ruraux, ce qui augmenterait aussi leur fonds de dotation, à cause de la déprécia-

---

(1) C'est en 1845 que le taux de l'intérêt, qui était de 12 p. % par an, a été réduit à 10. Or, voici le tableau du résultat des opérations du Mont-de-Piété depuis cette année :

	Bénéfices versés à la caisse des Hospices en sus des 4 p. % d'intérêt :	Capitaux fournis par les Hospices :
1845	19,514 f.	500,000 f. »
1846	15,405	600,000 »
1847	5,590	760,000 »

Mais ces bénéfices deviendraient peu importants, si l'on en déduisait la différence d'intérêt d'un pour cent qui serait évidemment à la charge du Mont-de-Piété recourant à des fonds étrangers, puisque les hôpitaux prêtent leurs fonds à 4 p. %, tandis qu'avec leur garantie, on n'en a trouvé de la confiance privée qu'à raison de 5 p. %, et pour un temps limité.

On remarquera que les bénéfices indiqués ci-dessus se rapportent aux années antérieures ; mais, pour 1847, il y aura un déficit de 1,291 fr. 96 c.

tion momentanée qui pèse sur toutes les valeurs. On ne pourrait donc se refuser à cette juste demande ; d'ailleurs le refus ou le retard forcé nuirait à la confiance dans le Mont-de-Piété, comme *établissement de crédit*, et rendrait ainsi les emprunts beaucoup plus difficiles et onéreux pour lui. En vain une disposition législative imposerait-elle l'obligation aux hôpitaux de laisser leurs capitaux à la disposition des Monts-de-Piété ; cette mesure, qui serait hostile aux refuges de la misère et de la souffrance, frapperait aussi les Monts-de-Piété, comme *établissements de bienfaisance*. Si la fortune, si le fonds de dotation des hôpitaux, le bien des pauvres n'est pas aux yeux du législateur chose aussi sacrée que la fortune privée, quelle confiance pourra-t-on avoir dans la fortune, dans le fonds de dotation, avenir des banques des pauvres ?

M. le Ministre, au reste, reconnaît lui-même ces principes d'équité dans le projet de loi, car il ne paraît compter que sur les ressources provenant soit d'emprunts, soit de traités librement consentis.

« ART. 3.— Le capital nécessaire à l'exploitation de chaque Mont-
« de-Piété se composera : 1° Des valeurs dont il est ou deviendra
« propriétaire ; 2° Des fonds que le Directeur se procurera par voie
« d'emprunt ou de traités, dont les conditions seront approuvées
« par la Commission de surveillance, et arrêtées définitivement par
« l'autorité supérieure. »

Il faudrait donc s'attendre au retrait des capitaux des hôpitaux, et s'y attendre d'autant plus qu'ils y auraient grand avantage.

Mais comment les Monts-de-Piété, réduits à l'isolement, les remplaceront-ils, et à quel taux ?

Ce qui s'est passé dernièrement pour le Mont-de-Piété de Rouen peut indiquer à quelles conditions ils trouveraient des fonds dans notre ville ; si donc, malgré la garantie des hôpitaux, l'établissement n'en a pu trouver qu'au taux de 5 p. %, et cela pour un délai fort court et pour une somme minime, comment ferait-il s'il fallait rembourser les 760,000 fr. dus aux hospices ? On ne peut le méconnaître, l'isolement pour les Monts-de-Piété serait une situation excessivement dangereuse, pour ne pas dire ruineuse.

M. le Ministre laisse entrevoir, il est vrai, que les Monts-de-Piété pourraient peut-être trouver un utile secours, soit dans l'alliance des Caisses d'épargnes, soit dans l'aide du Trésor public, et, tout en ne s'arrêtant pas en ce moment à ces idées, toutes réserves sont faites pour l'avenir. La question, dit-il dans l'exposé des motifs du projet de loi, sera étudiée en vue *d'étendre et de généraliser l'alliance des Monts-de-Piété et des Caisses d'épargnes.*

Les inconvénients de cette mesure seraient trop graves pour qu'ils ne soient pas signalés. Dans un temps calme, ces ressources peuvent sans doute servir momentanément; mais là n'est pas la difficulté. Comme il a été dit déjà, il faut trouver pour les Monts-de-Piété, les banques du pauvre, de l'argent au moment où partout ailleurs il disparaîtrait de la circulation.

Dans un état prospère, l'absence d'un Mont-de-Piété, toute fâcheuse qu'elle serait, ne se ferait pas encore très vivement sentir au nécessiteux, parce que l'abondance du numéraire abaisserait forcément le taux de l'intérêt même des maisons usuraires, et le malheureux n'aurait pour ainsi dire à lutter que contre sa détresse. Mais, dans un moment de panique, de discrédit général, il n'en serait plus ainsi ; il aurait à lutter de tous côtés, et la détresse publique pèserait de tout son poids sur lui. Ce n'est donc pas quand les Caisses d'épargnes, exposées à toutes les vicissitudes du crédit, devront satisfaire à une énorme demande de fonds de la part de leurs déposants, qu'elles pourront répondre à un nouvel appel d'argent de la part des Monts-de-Piété ; loin de là, elles seront peut-être obligées de réclamer celui qu'elles auront prêté à ces établissements. Une alliance de cette nature n'est donc pas sûre pour eux. En vain, pour cimenter cette alliance, *limiterait-on les prêts de manière à ne pas excéder la somme présumée devoir rester libre dans les Caisses d'épargnes, toutes les éventualités prévues, même celle d'une panique* (1). Comme jamais on ne peut tout prévoir, on courrait risque de voir se reproduire ce qui vient de se passer. Les Caisses d'épargnes pourraient de nouveau se retrouver dans le cas de ne pas remplir leurs engagements vis-à-vis leurs créanciers; bien plus, elles entraîneraient alors dans leurs désastres les Monts-de-Piété, qui seraient obligés de limiter de plus en plus leurs prêts, et peut-être même de les suspendre.

---

(1) Ce sont les termes de l'exposé des motifs.

En supposant même qu'il n'y eût qu'une limitation, elle serait nécessairement considérable, et alors le but de l'institution ne serait plus rempli, et précisément dans le temps où ce serait le plus utile.

Enfin, par cette alliance des Caisses d'épargnes, il serait à craindre que le but et l'esprit charitables des Monts-de-Piété fussent absorbés, anéantis, par le caractère industriel d'une banque ; resterait à voir maintenant si le Trésor public pourrait leur être utile.

Les motifs qui font craindre une alliance avec les Caisses d'épargnes sont les mêmes pour faire douter de l'efficacité, dans un moment de crise, du secours du Trésor public. Il serait inutile, après ce qui vient d'être dit, de s'appesantir sur cette considération; ce n'est pas lorsque le Trésor n'a pu satisfaire aux justes exigences des Caisses d'épargnes, ses créancières, qu'il pourra faire des prêts, des générosités aux établissements de bienfaisance. L'emploi de moyens extraordinaires pour faire face à ses engagements serait envisagé, dans cette circonstance, par ceux sur lesquels il frapperait, comme une spoliation du riche par le pauvre, et encore sans grand soulagement pour ce dernier, ce ne serait pas même déplacement de misère, ce serait aggravation de désastres.

Les Monts-de-Piété n'enrichiront jamais ceux qui y auront recours, tandis que les mesures exceptionnelles dont ils pourraient être la cause seraient la ruine de beaucoup de ceux sur lesquels elles pèseraient.

Aussi les Monts-de-Piété ne devraient pas plus compter sur le Trésor public que sur les Caisses d'épargnes, comme ressources positives dans des temps difficiles, et, loin de pouvoir diminuer le taux de l'intérêt, une fois séparés des hôpitaux, ils courent le risque de suspendre leurs opérations, surtout s'ils n'ont pas déjà en propriété un fonds de dotation de quelque importance, et cela toutes les fois que la détresse publique en fera sentir plus vivement le besoin.

Tous les établissements ne sont pas, dira-t-on, dans les mêmes conditions, et si celui de Rouen est dans une situation telle, que sans aucuns capitaux à lui et avec des bénéfices excessivement restreints, il ne puisse fonctionner qu'avec un concours puissant et sûr, il en est d'autres qui sont déjà propriétaires de sommes importantes, acquises justement par la séparation de leurs intérêts d'avec ceux des hospices, et qui peuvent désormais agir sans aucune alliance. D'ailleurs, pourrait-on ajouter, ceux dont la position est aujourd'hui défavorable, pourraient améliorer cette position dans un temps calme et ordinaire, et se constituer ainsi un fonds de dotation indépendant.

Les Monts–de–Piété qui n'ont pas encore acquis de fonds de dotation sont évidemment dans des conditions plus fâcheuses que n'ont jamais été les autres, car ils ne commenceront à capitaliser leurs bénéfices que lorsque ceux-ci auront été déjà diminués par la réduction du taux de l'intérêt. Ainsi, que le projet de loi eût été mis à exécution dès le mois de janvier 1847, le Mont–de–Piété de Rouen se serait trouvé certainement en déficit au commencement de 1848 (1). La position critique de ces établissements ne tarderait donc pas à se produire ; mais les Monts–de–Piété plus privilégiés encore, c'est-à-dire ceux qui ont déjà des capitaux nombreux à leur disposition, en propriété, ne sont pas eux–mêmes à l'abri de catastrophes qui compromettent leur existence, qu'ils soient isolés ou alliés à une Caisse d'épargne ou autre institution industrielle.

Dans les entreprises industrielles, il y a deux grands éléments indispensables de succès ; le premier est de savoir profiter des circonstances heureuses pour réaliser tous les bénéfices que la probité autorise, afin que dans les revers on se trouve posséder une compensation aux pertes que l'on peut éprouver. Le deuxième, qui est le plus important de tous, c'est de pouvoir à temps se retirer des affaires, et cependant combien de désastres viennent anéantir et dépasser tous les bénéfices réalisés ! combien peu d'hommes savent liquider à temps, combien peu arrivent au but désiré ! Comment donc les Monts-de-Piété, qui sont privés de ces deux éléments de succès, et qui, d'ailleurs, seraient privés d'un fonds de garantie qui soit en dehors des vicissitudes du crédit, n'arriveraient-ils pas tôt ou tard à leur suspension ou à une liquidation forcée ?

Ces établissements sont des banques, à ce titre ils sont une industrie, et une industrie financière, c'est-à-dire une des plus aventu-

---

(1) L'administration a bien pu diminuer le taux de l'intérêt lorsqu'elle l'a fait, parce que, s'il y avait chance de perte, il y avait au moins la garantie des hôpitaux pour la couvrir. D'ailleurs les fonds de ces établissements à un taux modéré (4 pour %) assuraient le service.

2

reuses, puisque le crédit y joue un grand rôle. En vain est-on garanti contre bien des éventualités, par les nantissements; comme ceux-ci ne sont que la représentation des valeurs monétaires, les seules réelles, dont le besoin peut se faire plus ou moins vivement sentir, il peut arriver que la dépréciation de ces gages puisse être considérable; d'ailleurs, il peut y avoir des pertes, des sinistres tels que la responsabilité des agens, que la garantie des assurances fassent défaut. Comme banques, ils peuvent donc courir des risques, d'autant plus grands que leurs opérations seront plus étendues; mais comme banques, peuvent-ils réaliser le plus possible de bénéfices qui les dédommagent des chances de perte? Non, parce qu'à côté de ce caractère industriel, ils en ont un autre, celui de la bienfaisance, ce sont des banques des pauvres; l'industrie n'est ici qu'un moyen de faire la charité. La bienfaisance s'est faite spéculatrice, non pas à son profit, mais exclusivement à celui des nécessiteux. Comme conséquence, aussitôt un certain chiffre de bénéfices atteint, les Monts-de-Piété sentent la nécessité de faire part de leur bien-être au malheureux qui a recours à eux, et ce ne peut être autrement; car, en général, ils n'ont de bénéfices qu'à l'aide d'un taux usuraire; or, continueront-ils à précipiter la ruine de la génération présente, sous prétexte d'affranchir de toute usure la génération à venir? la réalisation de leurs bénéfices ne sera donc plus en rapport avec leurs chances de pertes.

Or, quelle est la banque qui voulût opérer à ces conditions? Mais ce n'est pas tout; comme banques des pauvres, comme institutions de bienfaisance, ils ont un autre caractère qui détruit le second élément de succès dont il est parlé plus haut, c'est la perpétuité. L'industrie privée prévoit-elle un désastre public, elle tâche de sortir des affaires, et si le malheur veut qu'elle y reste, loin de les étendre, elle cherche à les restreindre. Les Monts-de-Piété, que les temps soient bons ou mauvais, doivent continuer leur mission; bien plus, ils doivent l'étendre, l'agrandir au milieu des calamités, c'est le propre de la charité; or, s'ils sont livrés à leur isolement, si leur fonds de dotation n'est pas à l'abri de toute éventualité, s'ils n'en ont même pas, que devindront-ils? Et d'une autre part, ils ne pourraient compter sur le concours du Trésor. La Caisse d'épargne elle-même serait une mauvaise alliée; enfin, ils ne pourraient se servir de valeurs de crédit d'un cours forcé. Comme c'est le pauvre qui opère avec eux, qu'il lui faut des espèces réelles et souvent répétées, par sommes très minimes ; celui-ci fuierait devant un papier-monnaie, il aimerait mieux recourir à des maisons de prêts illicites, et alors les banques des pauvres seraient peut-être obligées de suspendre leurs opérations. Donc l'isolement des Monts-de-Piété ou l'alliance avec des établissements simplement de crédit sont excessivement dangereux, s'ils ne doivent pas amener tôt ou tard leur suspension ; donc il est nécessaire qu'à côté de la bienfaisance spéculatrice, il y ait la bienfaisance foncière et sédentaire, qui garantisse la première, et qui, à ce titre, puisse la seconder et la rendre durable ; or, où trouvera-t-on ces deux conditions réunies, si ce n'est dans l'alliance des Monts-de-Piété avec les capitaux ?

Arrive ici l'examen du deuxième principe sur la question des Monts-de-Piété, dans leurs rapports avec les hôpitaux, principe d'alliance auquel nous nous rattachons. Jusqu'à ce jour, on a envisagé les intérêts des hôpitaux comme opposés à ceux des Monts-de-Piété, on a représenté ceux-ci comme travaillant infructueusement pour eux au profit de ceux-là, qui prenaient tout ; c'est une erreur, M. le Ministre le reconnaît lui-même. Il est bien vrai que les Monts-de-Piété travaillent infructueusement pour eux, *mais en même temps pour les hôpitaux*, car ceux-ci sont subventionnés par la caisse municipale dans la plupart des villes où existent les premiers établissements, et tous les produits des Monts-de-Piété tendent à faire décroître le chiffre de la subvention ; situation déplorable, car, par la force des choses, on devait tendre toujours à diminuer le taux de l'intérêt des prêts, et c'est ce que l'on a fait, et par cela même on devait augmenter les risques du fonds de dotation des hôpitaux, qui est garant. Le bien des pauvres n'avait donc pas de compensation pour ses risques, et c'est tellement vrai que, s'il fût arrivé une catastrophe, le fonds de dotation, pour remplir ses engagements, eût été entamé ; cela provient de ce que l'on faisait passer au compte des recettes annuelles ce qui aurait dû être réservé de côté pour parer aux éventualités.

Quel est donc maintenant l'intérêt des hôpitaux ? C'est de voir leur fonds de dotation abrité, le plus tôt possible, contre les désastres qui peuvent survenir. Or, quel est le meilleur moyen d'arriver à ce but, sinon de créer, à même les bénéfices, un fonds de roulement qui serait le premier garant des pertes, et qui abriterait ainsi d'autant la dotation des hospices. Quel intérêt, dira-t-on, les hôpitaux peuvent-ils avoir à rester garants des opérations des Monts-de-Piété, et à leur laisser leurs fonds, puisqu'ils n'en auront pas les bénéfices; ils peuvent se retirer, abandonner les Monts-de-Piété à toutes les éventualités et placer leurs fonds d'une manière plus fructueuse?

Il est certain que tous les avantages seraient du côté des Monts-de-Piété, qui profiteraient du prestige de la garantie de la dotation des hospices, et de plus, de leurs capitaux dont le retrait amènerait une grande perturbation dans leurs opérations. Aussi serait-il nécessaire et juste d'attribuer en échange aux hôpitaux une prime, ou une portion des bénéfices de l'établissement, au marc-le-franc de leurs fonds; de cette manière, il y aurait communauté d'intérêts, et le service des banques du pauvre serait assuré. On ne pourrait objecter que le fonds de dotation des Monts-de-Piété serait long à créer de cette manière, car, par cette alliance, ces établissements trouveraient plus facilement à faire emprunt à un taux modéré; de plus, une fois le fonds de roulement, souvent considérable, constitué, il serait inutile de créer une dotation qui le garantît, puisque les hôpitaux seraient toujours alliés et resteraient responsables. et enfin les locaux actuels, appartenant aux hospices et servant aux Monts-de-Piété, resteraient affectés au même service; ce qui éviterait une grande dépense, toujours à la charge du pauvre.

Grâce à cette alliance, on arriverait ainsi au but de toutes les améliorations proposées, c'est-à-dire au plus prompt abaissement du taux de l'intérêt des prêts sur gages; et on y arriverait d'une manière rapide, sûre, durable et à l'abri de toutes secousses.

Grâce à cette alliance, se perpétueraient aussi dans les Monts-de-Piété le but et l'esprit de bienfaisance qu'avait voulu leur assurer leur réorganisateur; et il y aurait un contre-poids salutaire au caractère industriel que la nature des opérations, qui sont toutes financières, ne tend que trop à donner à ces institutions.

Mais cette combinaison a d'autres avantages; elle résout deux autres questions graves et difficiles, pour les cas où il n'y aurait pas alliance entre les deux institutions du Mont-de-Piété et des hôpitaux, questions qui ne sont pas prévues dans le projet de loi.

La 1re : Quand le capital de dotation des Monts-de-Piété sera formé, que deviendront les bénéfices ultérieurs?

Et la 2e : Que deviendra le fonds de dotation qui restera d'un Mont-de-Piété en liquidation ?

Cette dernière question peut avoir de la gravité, surtout, suivant notre opinion, avec les principes qui ont inspiré la rédaction du projet de loi, c'est-à-dire ceux d'isolement des Monts-de-Piété ou de leur alliance avec des institutions financières.

Avec l'alliance des hôpitaux, il est presque impossible qu'un semblable événement arrive, puisque ceux-ci sont responsables. Il ne reste plus donc, dans cette hypothèse, qu'à examiner la première question, sa solution du reste n'est pas douteuse.

Quel inconvénient y aurait-il en effet d'assurer au fonds de dotation des hôpitaux les bénéfices ultérieurs faits par les Monts-de-Piété ?

Une fois le fonds de roulement complètement acquis et le minimum du taux de l'intérêt atteint (1), ce ne serait même que justice

---

(1) M. le Ministre fixe (article 5 du projet de loi) le minimum du taux de l'intérêt des prêts sur gage à 3 pour %. Nous ne partageons pas son avis à cet égard, ce taux nous paraît beaucoup trop minime; l'abaissement de l'intérêt à 6 pour % est suffisant à nos yeux. Il est quelquefois nécessaire de se mettre en garde contre ses propres sentiments de bienfaisance, et nous sommes persuadés que M. le Ministre lui-même, par la pratique des Monts-de-Piété, aurait reconnu les inconvénients d'un trop grand abaissement du taux de l'intérêt. Le Mont-de-Piété est un établissement de bienfaisance, par conséquent il ne doit pas favoriser la spéculation; or un taux trop bas pourrait alimenter, exciter cette dernière, il ne doit pas non plus favoriser la démoralisation ou l'imprévoyance, or un taux par trop minime pourrait avoir ces inconvénients. Il est d'une triste expérience qu'à l'époque de certaines fêtes, aux Rois, au Carnaval, à la Saint-Vivien, à Rouen, la quantité des opérations augmente surtout en dégagements. Certains pauvres trouvent chez des tiers encore assez de crédit pour avoir de l'argent, afin de dégager les objets déposés au Mont-de-Piété, qu'ils semblent regarder comme leur garde-meuble, et s'en servent ainsi pendant les fêtes, sauf à les réengager après. Le trop grand abaissement serait, dans ces circonstances, une prime à cette espèce d'industrie vicieuse, la véritable misère en profiterait sans doute, mais on lui pourrait venir en aide d'une autre manière, ce qui n'aurait pas l'inconvénient de favoriser son imprévoyance. Le taux légal serait déjà un immense bienfait, et les raisons que l'on ferait valoir pour l'abaisser au-delà, pourraient être invoquées pour le réduire à rien.

puisque cet état prospère aurait été acquis, grâce au concours des premiers, concours qui se perpétuerait en cas de malheurs.

Ce serait d'ailleurs un moyen d'intéresser encore les hospices à la plus prompte réalisation du but de l'institution des Monts-de-Piété, ce serait même y intéresser les villes ; car par l'augmentation du fonds de dotation, il y aurait augmentation de recettes en intérêts ; les caisses municipales se trouveraient donc exonérées à proportion , dans les subventions annuelles.

De tout ce qui précède, il résulte que l'alliance des hôpitaux et des Monts-de-Piété, avec les améliorations que l'expérience a fait reconnaître nécessaires, est la meilleure condition d'existence pour ces dernières institutions. Il résulte aussi que la séparation de ces établissements, loin d'amener le plus prompt abaissement possible de l'intérêt des prêts sur gage, pourrait amener la ruine des banques des pauvres. D'un autre côté, l'effet désastreux de la centralisation a été constaté précédemment.

Il ne reste plus qu'à passer à l'examen de la troisième question, celle du remplacement des Commissionnaires par des bureaux auxiliaires.

3° Du remplacement des Commissionnaires au Mont-de-Piété par des Bureaux auxiliaires.

L'administration du Mont-de-Piété de Rouen eût vu avec grande satisfaction la réalisation de cette pensée, ne fût-ce qu'à titre d'essai ; c'est-à-dire qu'à ses yeux elle est bonne en principe ; mais est-elle possible à introduire dans notre ville, au milieu des circonstances actuelles ? voilà la question. Comme nous l'avons énoncé déjà plus haut, les bénéfices de l'établissement que nous administrons sont excessivement minimes ; on a vu qu'ils ont été négatifs en 1847, est-ce donc le moment d'entreprendre une innovation fort onéreuse, qui peut même amener un déficit ?

Il y a quatre Commissionnaires attachés à l'établissement du Mont-de-Piété de notre ville. Leurs remises s'élèvent ensemble à un peu plus de 16,000 fr., somme prise sur l'emprunteur gagiste qui préfère recourir à eux, que de s'adresser directement à l'établissement central. Voilà le côté odieux de cette institution, mais, pour les remplacer, et en supposant que, malgré les exigences de la localité, on pût réduire à trois le nombre des bureaux auxiliaires, il y aurait toujours une forte dépense pour le Mont-de-Piété, qui l'aurait à sa charge. D'ailleurs, indépendamment de cette impossibilité, qui peut arrêter tout désir de réaliser une amélioration, il y a aussi quelques considérations qui peuvent rendre hésitant sur la valeur même de l'institution des bureaux auxiliaires, et faire désirer un peu plus d'expérience. Il y a trop peu de temps encore qu'on les emploie pour en connaître tous les inconvénients ; il serait donc peut-être dangereux de décider, par une mesure législative, leur établissement.

Il est certain, par exemple, que le public ne trouvera pas les mêmes facilités, le même empressement dans les bureaux auxiliaires que chez les Commissionnaires, surtout si le traitement est fixe.

On pourrait, il est vrai, obvier à cet inconvénient, en donnant à ces agents une remise proportionnelle, qui serait supportée par l'Administration, sauf à en diminuer le taux dans les cas où les avantages seraient trop considérables. Ainsi, ce premier inconvénient aurait réellement moins de gravité qu'on ne l'aurait pensé au premier abord.

Mais, reste une seconde difficulté plus grande, c'est l'appréciation des nantissements.

Dans les bureaux des Commissionnaires, les objets apportés en gage sont soumis à l'appréciateur de l'établissement central, et comme l'estimation est faite par un commissaire-priseur responsable, avec toute sa compagnie, de ses appréciations, on conçoit que, si les nantissements subissaient une forte dépréciation, l'établissement ne courrait de risques qu'après l'épuisement de la garantie de ces officiers ministériels.

Or, il n'en serait pas de même avec les bureaux auxiliaires : ce serait un commis du Mont-de-Piété, qui apprécierait définitivement les nantissements. Cette opération extrêmement délicate, qui trompe les commissaires-priseurs eux-mêmes, dont le coup-d'œil est si exercé, et dont l'expérience est déjà éclairée, s'il est nécessaire, par la prisée préalable du Commissionnaire. Quelle responsabilité alors pour l'établissement ! Quelles chances de pertes il peut courir ! D'ailleurs, on ne pourrait attacher à chaque bureau auxiliaire un appréciateur commissaire-priseur, car le nombre de ces officiers ministériels dans notre ville serait trop limité (1). Et puis les avantages ne pourraient être en rapport avec des opérations qui, réparties sur quatre agents, seraient peu nombreuses, et partant peu lucratives pour chacun d'eux, tout en exigeant une grande assiduité. Pour parer aux inconvénients signalés, ce mode serait donc irréalisable. Reste enfin un autre moyen, celui des bureaux auxiliaires gérés par des commis-appréciateurs.

Mais, au sujet de ces commis-appréciateurs, se présente cette question : Qui les nommera ? sera-ce l'appréciateur ? sera-ce l'appréciateur et l'administration conjointement, ou bien sera-ce l'administration seule ?

Il semble, au premier abord, qu'il vaudrait mieux que ce fût l'appréciateur qui plaçât dans chaque bureau auxiliaire un délégué, mais les fonctions de commis-appréciateur dans les bureaux auxiliaires ne consisteraient pas seulement à apprécier ; cet agent devrait faire toutes les autres opérations du bureau ; ce ne serait pas seulement un appréciateur, ce serait aussi un commis de l'établissement, car, autrement, cette organisation serait tellement onéreuse, qu'elle deviendrait impraticable.

Mais alors, il y aurait deux autorités en présence : De là conflit, et conflit journalier entre l'appréciateur et l'administration. Enfin, indépendamment de cette difficulté, il y a celle des frais, qui seraient considérables, pour l'appréciateur commissaire-priseur, dont les fonctions perdraient beaucoup de leur importance dans l'établissement central, et dont la responsabilité, d'un autre côté, augmenterait dans la même proportion, par suite du démembrement de ses fonctions entre plusieurs agents subalternes. Aussi, certainement, à ces conditions, il préférerait se retirer. Ainsi, les commissaires-priseurs ne pourraient et ne voudraient nommer les commis-appréciateurs, et en être responsables Ils ne voudraient pas non plus les nommer d'accord avec l'Administration, parce que les difficultés et les inconvénients seraient absolument semblables. Il ne resterait qu'à voir les conséquences des bureaux auxiliaires gérés par des commis-

---

(1) Il n'y en a que six.

appréciateurs que nommerait l'Administration elle-même ; ces commis pourraient être solidaires, et verseraient chacun, dans la caisse du Mont-de-Piété , un cautionnement de 20 à 25,000 fr., pour garantie de leur gestion (1). De cette manière, la surveillance serait mutuelle, ce qui serait un gage de tranquillité pour l'établissement, et en même temps, la somme totale de leur cautionnement, sans offrir à beaucoup près la garantie des commissaires-priseurs, serait cependant assez importante pour inspirer de la confiance. La conséquence forcée de ce mode, c'est que le commissaire-priseur-appréciateur n'ayant plus d'avantage à rester dans le Mont-de-Piété , il serait utile de pourvoir à son remplacement dans l'établissement central, par un quatrième commis-appréciateur : voilà bien la seule manière de réaliser le remplacement des commissionnaires au Mont-de-Piété , par les bureaux auxiliaires.

Il ne faut pas croire, cependant, que le retrait des commissaires-priseurs n'amènerait pas de graves inconvénients qui pèseraient surtout sur les appréciations, et rendraient peut-être, en définitive, plus rares les opérations. L'appréciation n'est pas précisément une opération isolée ; deux causes peuvent en faire élever le chiffre : ou 'espérance de voir dégager les objets portés en gage, ou, dans le cas de vente, la faveur dont jouiront ces objets au moment de l'adjudication. Pour le premier cas, le commis-appréciateur, étant dans une position identique à celle du Commissionnaire, c'est-à-dire étant à même de connaître l'emprunteur, il pourrait aussi bien que lui se laisser entraîner à une appréciation un peu plus élevée, par l'expectative du retrait de l'engagement, mais, pour le second, il

---

(1) Le versement des cautionnements de ces employés serait une ressource pour les Monts-de-Piété, et leur permettrait, sous la garantie des hospices, en les employant à leurs opérations journalières, d'arriver plus promptement à créer un fonds de roulement de dotation ; on pourrait encore augmenter cette ressource en faisant verser au caissier et au garde-magasin leurs cautionnements en garantie de leur gestion, vis-à-vis le Directeur, le seul agent qui, à notre avis, doit être pécuniairement responsable aux yeux de l'État ; enfin peut-être pourrait-on établir une caisse de retraites au profit de tous les employés de l'établissement, ce qui serait un grand bienfait, car les fonds de cette caisse pourraient être joints aux autres.

n'en serait pas de même. Quand l'appréciateur est le commissaire-priseur-vendeur, il est dans la possibilité d'élever plus ou moins le prix du gage, suivant qu'à sa connaissance, l'objet sera plus ou moins recherché à la vente; le commis-appréciateur ne sera jamais dans ces conditions. Cette question a son importance; le malheureux qui est dans la détresse et qui a recours au Mont-de-Piété, désire, pour le nantissement qu'il présente, avoir la somme la plus élevée possible; si donc il trouve, dans des maisons de prêts clandestines, un prêt plus élevé, malgré leur taux usuraire, il les préférera au Mont-de-Piété. On conçoit alors tout l'intérêt de l'élévation autant que possible de l'appréciation; on conçoit aussi que l'ignorance de la part des commis-appréciateurs de ce qui se passe aux ventes puisse nuire aux pauvres, et à l'établissement dont les intérêts sont les mêmes. Il y a encore une autre cause qui pourrait nuire à l'Etablissement et aux intérêts des pauvres. L'élévation des prix dans les ventes publiques provient en partie d'un certain entrain communiqué par les crieurs publics, par les brocanteurs qui les fréquentent, et par les commissaires-priseurs-vendeurs; mais, par suite de l'antagonisme qui s'élèverait à coup sûr entre les appréciateurs des Monts-de-Piété et les commissaires-priseurs, ceux-ci se regardant naturellement comme lésés dans leurs intérêts, n'y aurait-il pas à craindre que les ventes de l'Etablissement ne se ressentissent de ce fâcheux état des esprits?

Telles sont les principales observations qui peuvent être faites sur l'institution même des bureaux auxiliaires; elles sont, sans doute, trop peu graves pour empêcher de tenter un essai, mais elles sont peut-être suffisantes pour faire craindre qu'une mesure législative, à cet égard, ne soit encore prématurée, surtout si plusieurs Monts-de-Piété se trouvent dans les conditions de celui de Rouen; c'est-à-dire dans l'impossibilité d'avoir à supporter de nouvelles charges sans courir les chances de déficits, ce qui ferait éloigner pour longtemps l'abaissement du taux de l'intérêt.

Les conséquences de la centralisation des Monts-de-Piété sont maintenant connues, ainsi que celles de leur séparation d'avec les hôpitaux; nous ne devons plus ajouter qu'une courte réflexion sur l'article 8 du projet de loi.

Cet article entre dans un détail qui, nous le croyons, ne devrait pas se produire dans une loi d'organisation des Monts-de-Piété, car tel Mont-de-Piété, peut-être éprouvera de grandes difficultés à en suivre les dispositions, à cause de la nature de ses opérations ; de plus, la loi n'atteint pas le but charitable qu'elle se propose ; la faculté de faire vendre un nantissement trois mois après son engagement, donne un délai trop court ; tout déposant doit vouloir toujours recouvrer son gage ; ce sentiment louable qui l'excitera à l'économie, à la prévoyance, doit être fortifié, protégé contre un découragement ou un caprice momentané. Il faut aussi éviter qu'on puisse apporter au Mont-de-Piété des effets pour les vendre ; si le malheureux ne prévoit pas, la plupart du temps, cette triste nécessité, au moment où il engage, c'est par sa faute ; il ne faut pas favoriser une telle imprévoyance, mais la raison la plus grave, c'est l'existence même de l'Établissement ; la plupart des prêts ne sont avantageux au Mont-de-Piété, que lorsque les nantissements restent un certain temps dans les magasins. Ainsi, à Rouen, les prêts au-dessous de 30 francs, quoique l'intérêt soit à 10 p. %, ne paient pas, en trois mois, leur contingent de frais généraux, car ils ne produisent que de 8 à 75 centimes, tandis que le coût moyen de chaque engagement est de 78 centimes. Or, les prêts au-dessous du chiffre de 30 fr. forment environ les quinze seizièmes de la totalité des opérations ; ainsi cette limite de trois mois pourrait ruiner le Mont-de-Piété (1) ; il est donc important de n'accorder la faculté de faire vendre le nantissement qu'au moins six mois après l'engagement.

Maintenant que notre tâche est terminée, qu'il nous soit permis de rappeler un mot profond de Plutarque, cité dernièrement par un de nos plus illustres orateurs. Les bonnes lois sont filles du temps ; elles sont filles du temps, en ce qu'elles doivent être mûries par l'expérience ; elles sont filles du temps aussi, en ce qu'elles doivent reproduire les besoins des hommes qu'elles régissent, eu égard à l'époque où ils vivent.

---

(1) Les moyennes décennales sont de 95,894 engagements et de 75,121 fr. de frais, y compris l'intérêt des capitaux, ce qui donne bien un coût moyen de 78 c. ; ce taux a même été dépassé en 1847, à cause de certaines dépenses extraordinaires.

Or, toutes les dispositions du projet de loi proposé sont-elles bien sanctionnées par l'expérience du passé? D'un autre côté, répondent-elles bien au besoin généralement senti maintenant de fortifier et d'étendre les institutions de bienfaisance? Enfin, ne portent-elles pas, au contraire, atteinte aux principes de liberté qui régissent toutes nos institutions communales, dans ce qu'il y a de plus sacré, dans l'exercice de la bienfaisance?

Nous nous reposons sur vos lumières et sur votre patriotisme pour la solution de ces questions. Pour nous, quelles que soient vos décisions, nous pourrons toujours nous rendre le témoignage qu'en combattant les dispositions du projet de loi qui vous est soumis, nous avons accompli un devoir, puisque nous n'avons eu qu'un but, celui de défendre les intérêts des pauvres ; la seule mission que nous ambitionnions.

Les Membres de l'Administration du Mont-de-Piété de Rouen :

FLEURY, maire, *président ;* DUGENET, *vice-président*, LEMOYNE-JOURDAINNE, DELAPORTE, KEITTINGER, NEPVEUR, et LE TAILLANDIER, *rapporteur.*

PROJET DE DÉCRET.

AU NOM DU PEUPLE FRANÇAIS,

LE PRÉSIDENT du Conseil des Ministres, chargé du pouvoir exécutif,

ARRÊTE :

Le projet de décret dont la teneur suit sera présenté à l'Assemblée nationale par le Ministre de l'Intérieur, qui est chargé d'en exposer les motifs et d'en soutenir la discussion.

ART. 1er. A l'avenir, les Monts-de-Piété seront administrés, sous l'autorité du Ministre de l'Intérieur, et, par délégation, sous l'autorité du Préfet du département, par des Directeurs responsables, assistés de Commissions de surveillance.

ART. 2. Les Commissions de surveillance des Monts-de-Piété seront présidées par le Maire de la commune , et, à Paris, par le Préfet de la Seine.

Des règlements d'administration publique détermineront la composition de ces Commissions , le nombre de leurs Membres et leurs attributions.

ART. 3. Le capital nécessaire à l'exploitation de chaque Mont-de-Piété se composera :

1° Des valeurs dont il est ou deviendra propriétaire ;

2° Des fonds que le Directeur se procurera par voie d'emprunt ou de traités , dont les conditions seront approuvées par la commission de surveillance, et arrêtées définitivement par l'autorité supérieure.

ART. 4. A compter du 1er janvier 1849, les excédants de recette des Monts-de-Piété , constatés par leurs comptes annuels, cesseront d'être versés dans les caisses des hospices.

Ces excédants seront employés à la formation ou à l'accroissement du capital des Monts-de-Piété.

Le montant des donations et legs que ces établissements pourront recueillir recevra la même destination.

Art. 5. Un arrêté du Gouvernement fixera, pour chaque Mont-de-Piété, le maximum de l'intérêt des prêts.

Le taux de ces intérêts sera proportionnellement abaissé au fur et mesure de l'accroissement des fonds de dotation : il ne pourra toutefois être réduit au-dessous de 3 p. %.

Art. 6. Il sera statué administrativement sur les difficultés qui pourraient s'élever par suite de l'exécution de l'art. 4, entre les administrations hospitalières et les Monts-de-Piété originairement établis dans des bâtiments appartenant aux hospices, ou à l'aide de fonds provenant de leurs caisses.

Art. 7. Les Commissionnaires au Mont-de-Piété sont supprimés, ils seront remplacés par des Bureaux auxiliaires.

L'époque de l'établissement de ces Bureaux et le mode de leur substitution aux Commissionnaires au Mont-de-Piété seront déterminés par des arrêtés du Gouvernement, délibérés en Conseil d'État.

Les Bureaux auxiliaires seront placés sous la direction et la surveillance de l'administration du Mont-de-Piété dont ils dépendront.

Les prêts seront faits dans ces bureaux, aux mêmes conditions qu'au Mont-de-Piété, sans autres frais.

Art. 8. Tout emprunteur au Mont-de-Piété pourra requérir la vente des objets par lui donnés en nantissement, après l'expiration d'un délai de trois mois, à partir du jour du dépôt. Ces objets seront immédiatement vendus, et le prix en sera remis sans délai au propriétaire emprunteur, déduction faite des intérêts échus et du montant des frais fixés par les règlements.

Les marchandises neuves données en nantissement ne pourront, néanmoins, être vendues qu'après l'expiration du délai d'une année.

Art. 9. Toutes dispositions législatives ou règlementaires, qui seraient contraires au présent décret, sont et demeurent abrogées.

Fait à Paris, en l'hôtel de la Présidence, le 24 août 1848.

Signe : E. CAVAIGNAC.

Le Ministre de l'intérieur,
Signé : SENARD.

Rouen. — Imp. de A. Péron.

9 782011 794239